AF460783

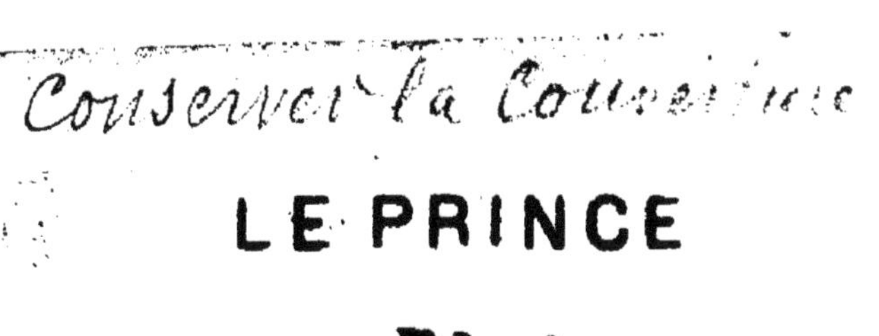

LE PRINCE
JÉROME NAPOLÉON

NOTICE BIOGRAPHIQUE

PAR

A. LEJEUNE-VILAR

ÉDITION POPULAIRE

25 CENTIMES

H. GUÉRARD, ÉDITEUR
DAIREAUX, SUCCESSEUR
156, rue de Rivoli, 156

1879

LE PRINCE
JÉROME NAPOLÉON

H. GUÉRARD, ÉDITEUR
VICTOR DAIREAUX, Successeur
156, *Rue de Rivoli*, 156

1879

LE PRINCE
JÉROME NAPOLÉON

PAR

A. LAJEUNE-VILAR

Le 29 Septembre 1847
A SAINT-LEU

Le 29 septembre 1847, fut pour le parti impérialiste et pour la France, un de ces jours de tristesse et de deuil dont la mémoire des hommes et l'histoire ensuite, gardent un profond souvenir.

Les dix mille Français qui arrivent de Chislehurst, ne se souviendront-ils pas, toute leur vie, de cette journée où des funérailles splendides, mêlées de pleurs et de regrets sincères, furent données par l'Angleterre, sa reine et ses princes, à ce digne et valeureux soldat, qui était l'espoir et le chef du parti impérialiste?

Ceux-là aussi qui assistaient à l'imposante cécérémonie de Saint-Leu, en 1847, ont toujours conservé présent à leur esprit le spectacle grandiose de cette manifestation libre et spontanée, signe précurseur de la Révolution de Juillet et du rétablissement de l'Empire.

On se souvient toujours des jours où l'on a pleuré ceux que l'on a aimés.

Dès le matin du 29 septembre 1847, plusieurs milliers de fidèles etaient accourus à St-Leu. Après avoir conduit sous le dôme des Invalides les cendres de Napoléon Ier, ils venaient rendre un dernier hommage à celles du frère de l'Empereur, au roi Louis de Hollande, et à son fils le prince Louis Napoléon, mort en combattant pour la liberté sous le drapeau de l'indépendance italienne.

Cinq cents vieux soldats, derniers débris de ces héroïques armées qui promenèrent le drapeau victorieux de la France et de l'Empire, sur tous les champs de bataille d'Europe, s'étaient aussi donnés rendez-vous dans l'antique église de St-Leu.

Témoignage touchant de reconnaissance et de fidélité qui était bien dû à ceux qu'ils avaient tant aimés et qui n'étaient plus !

Rangés autour des deux catafalques, tous ces braves soldats reportaient leur pensée vers l'héritier du nom glorieux de Napoléon ; ils ne pouvaient retenir leurs pleurs, eux qui avaient bruni sous le soleil d'Austerlitz, mais leurs larmes quelques amères qu'elles fussent, avaient une consolation, un espoir.

Il restait encore des Bonaparte. — Pour la première fois, depuis trente deux ans, on allait en revoir un !

L'émotion était générale ;—il régnait dans la petite église un profond recueillement que troublaient seulement des sanglots qu'on ne pouvait contenir.

Enfin, un mouvement se produit ; tous les regards se portent instinctivement vers l'entrée de l'église, tous les yeux sèchent leurs larmes et abandonnent pour un instant leur tristesse et leur douleur. Un cri, suivi de beaucoup d'autres, sort de toutes les poitrines, et ce cri de : vive l'Empereur! dit à tous que le Bonaparte est là.

C'est bien, en effet, un Bonaparte, celui qui, au milieu des soldats, s'avance vers le catafalque, accompagnant une jeune femme en deuil, sa sœur, la princesse Mathilde. Sa figure, dit son nom, et son nom a provoqué ce cri spontané qu'avaient laissé échapper les anciens compagnons de l'Empereur.

Grand, svelte, et le front haut, on aurait cru voir, lorsqu'il s'avançait, le grand Napoléon ; non pas celui qui revenait d'Egypte, mais le Napoléon exilé et malheureux, quittant le port de Rochefort, à bord du navire anglais le *Bellerophone* et allant expier sa gloire et celle de son pays sur le rocher désert de Ste Hélène. Il était bien un Bonaparte, ce prince ; et s'il n'était point l'héritier direct de l'Empereur, si ce cri de vive l'Empereur ! s'adressait à un autre désigné avant lui pour porter la couronne impériale, sa présence augmentait l'espoir qu'entretenait le parti, et tous ceux qui le voyaient étaient certains que s'il devait y avoir un empire, on trouverait en lui à défaut de l'autre, un Bonaparte digne d'être Empereur.

Ce masque de Napoléon Ier, devant lequel on présentait les armes, devant lequel les tambours battaient aux champs, ce prince que les soldats avaient salué du cri de vive l'Empereur ! et que la foule avait acclamé à sa sortie de l'église des cris de vive l'Empereur ! vive la Liberté ! était le Prince Jérôme Napoléon.—Né en exil, il mettait le pied sur le sol français pour venir à cette cérémonie funèbre représenter sa famille, et pleurer sur les restes glorieux de son digne oncle et de son valeureux cousin.

Le peuple sut plus tard retrouver le chef de la famille impériale, alors banni de France; il en fit Napoléon III. Aujourd'hui que le fils de celui-ci n'est plus, le peuple se souviendra encore du Prince devant lequel les soldats de Napoléon Ier ne surent pas contenir le cri de : vive-l'Empereur !

LE ROI JÉROME

Le prince Jérôme-Napoléon est le fils du roi de Westphalie, Jérôme Bonaparte, le plus jeune des frères de Napoléon Ier, né à Ajaccio, le 15 novembre 1784.

Jérôme était le marin de la famille Bonaparte. Nommé en 1800, enseigne de vaisseau de 2e classe, à bord du vaisseau l'*Indivisible*, il ne tarda pas, grâce à l'influence de son frère, le général Bonaparte, à être chargé d'une mission périlleuse, avec le commandement de l'escadre des Antilles. Bloqué par les Anglais à Fort-Royal, il parvint à s'évader par terre, et arriva à Washington où il resta deux ans sans pouvoir retourner en France, les Anglais tenant toutes les mers et arrêtant tous les navires français qui osaient s'y aventurer. A Washington, Jérôme Bonaparte, devint amoureux de miss Elisa Paterson, fille d'un richissime armateur américain. Il en fit sa femme. Jusqu'en 1805, il habita avec elle les États-Unis et eut un fils, Jérôme Bonaparte dont les deux enfants habitent l'Amérique, le colonel Bonaparte Paterson et le prince Jérôme-Bonaparte Paterson.

Lorsque Jérôme Bonaparte voulut retourner en Europe avec sa femme, un ordre de l'Empereur s'y opposait. Il fallut pour rentrer dans le bonnes grâces de son frère, consentir à annuler son mariage, contracté d'ailleurs avant sa majorité.

La disgrâce finie, Jérôme reçut le commandement de l'escadre de la Méditerranée, puis de celle des Antilles. A son retour de cette expédition, il détruisit, en vue du cap de Bonne-Espérance, un convoi anglais escorté de deux frégates, mais arrivé sur les côtes de Bretagne, il tomba au milieu de l'escadre anglaise. Se voyant perdu, il n'hésita pas à donner l'ordre de faire sauter le vaisseau plutôt que de se rendre ; heureusement il sut manœuvrer au milieu de l'escadre anglaise et des écueils de la côte, avec une habileté telle qu'il parvint à s'échapper et put s'échouer dans la baie de Concarneau où jamais vaisseau n'était entré.

L'empereur, pour ce glorieux exploit, le nomma contre-amiral, et par un Sénatus-consulte du 24 septembre 1806, le déclara prince français, appelé éventuellement, lui et sa succession au trône impérial.

Le soir même, le prince Jérôme quittait Paris et allait se mettre à la tête du corps d'armée avec lequel il fit la campagne de Prusse. — Par le traité de Tilsitt qui mit fin à cette expédition, les possessions de la Prusse, entre l'Elbe et le Rhin, formèrent le royaume de Westphalie, que l'empereur donna à son frère Jérôme et quelques mois après, le roi de Wurtemberg sollicita la main du nouveau roi, pour sa fille Catherine. Le mariage fut célébré à Paris le 22 août 1807.

Après l'abdication de l'empereur, le roi Jérôme dépossédé se refugia en Italie, puis il revint en France pendant les Cent-Jours et commanda à la bataille de Waterloo un corps d'armée dont tous les efforts héroïques ne purent changer en victoire, cette glorieuse et mémorable défaite.

L'empire rétabli, le roi Jérôme fut nommé par l'empereur Napoléon III, président du Sénat. — Il est mort le 24 juin 1860 au château de Villegenis (Seine-et-Oise), et son corps repose aux Invalides à côté du tombeau de Napoléon Ier. Paris se souvient encore des magnifiques funérailles que lui fit l'empereur Napoléon III.

*
* *

LE PRINCE JÉROME NAPOLÉON

Le prince Napoléon, aujourd'hui le chef de

la famille impériale, est né à Trieste (Autriche), le 9 septembre 1822.

Élevé à Rome où se trouvaient les principaux membres de la famille Bonaparte, il quitta bientôt la cité pontificale et vint, avec le roi Jérôme, habiter Florence, où son séjour fut de courte durée. Son père voulait, en effet, que l'éducation de son fils fut celle d'un Français, et si les établissements scolaires de France lui étaient fermés, il espérait pouvoir trouver à Genève des professeurs français de nationalité et de cœur. — Malheureusement, une longue et cruelle maladie emporta, sur ces entrefaites, la reine Catherine. — Ce fut une forte perte pour le prince Napoléon que celle de sa mère, cette femme de qui Napoléon Ier a pu écrire dans ses mémoires, cette phrase qui restera son jugement et sa louange : « Par sa belle conduite, « en 1814 et en 1816, cette princesse s'est ins- « crite de ses propres mains dans l'histoire. » — A la suite de la mort de sa mère, le prince fut envoyé auprès de la reine Hortense, au château d'Arenemberg où il passa deux ans.

C'est là que commencèrent les relations d'intimité entre le prince et l'empereur Napoléon II qui se fit le professeur de son cousin dont il était l'aîné de plus de 14 ans.

Arrivé à l'âge de l'adolescence, le prince

Napoléon entra à l'école militaire de Louisbourg, en Wurtemberg. Il en sortit avec le grade de colonel dans l'armée du roi, son oncle.

C'est après un long voyage à travers les cours d'Europe qu'il fut appelé à représenter sa famille à la cérémonie de Saint-Leu.

Par un sentiment de condescendance dont il faut lui savoir gré, le gouvernement de Louis-Philippe daigna ensuite fermer les yeux sur la présence à Paris du roi Jérôme et de son fils, qui purent ainsi prolonger leur séjour dans cette France qui n'oubliait pas les Bonaparte et que les Bonaparte n'oublient jamais même en exil.

*
* *

Le prince Napoléon était donc en France lorsqu'éclata la Révolution de Juillet 1848.

Louis-Philippe n'avait point encore quitté son royaume que le prince Napoléon s'empressait de se mettre aux ordres du peuple triomphant et adressait aux membres du gouvernement provisoire qui siégeait à l'Hôtel-de-Ville, cette lettre aussi simple que patriotique, par les sentiments qui la dictaient :

« Au moment de la victoire du peuple, je me » suis rendu à l'Hôtel-de-Ville. Le devoir de » tout bon citoyen est de se réunir autour du » gouvernement provisoire de la République, » et je tiens à être un des premiers à le faire

« si mon patriotisme peut être utilement em-
« ployé. »

Ses offres de services furent repoussés par le Gouvernement provisoire, mais l'unanimité des électeurs de la Corse l'envoya quelques mois après comme représentant à l'Assemblée nationale constituante au sein de laquelle il éleva la voix en faveur de l'indépendance de la Pologne et de l'Italie. Il refusa de s'associer au vote qui exilait les Bourbons.

Généreux par nature, autant que libéral par tradition de famille et par instinct, on le trouve toujours du côté des proscrits, et lorsque les républicains osèrent apporter à la tribune de l'Assemblée la proposition de déportation en masse de tous les insurgés de Juin, le prince Napoléon n'hésita pas à protester énergiquement au nom de la justice et du droit, contre cette mesure aussi arbitraire qu'inique. —Il appuya aussi, dans le courant de la législature, la réforme postale, la réduction des impôts du sel et les subventions aux associations ouvrières.

Nommé député de la Sarthe, à l'Assemblée législative, le prince Napoléon vota avec l'opposition libérale et démocrate qui formait la minorité de cette Chambre, composée en majorité partie de royalistes ennemis des idées de liberté et de progrès.

Ambassadeur en Espagne, dès qu'il apprit le dépôt du fameux projet Falloux, il s'empressa de quitter son poste, pour venir combattre à la tribune de l'Assemblée, cette loi sur l'enseignement, loi rétrograde et réactionnaire, à laquelle la majorité dut le commencement de sa grande impopularité.

Son discours, en cette circonstance, valut au Prince toutes les colères, toutes les interruptions et toutes les injures de la droite; il lui fit même donner par ses ennemis, le surnom de Prince de la Montagne.

M. Thiers, alors le chef de cette majorité royaliste fournit bientôt au Prince Napoléon une nouvelle occasion d'affirmer ses principes libéraux, son attachement aux idées démocratiques, son respect pour la tradition napoléonienne.

Le futur premier président de la troisième République, était à la tribune pour défendre la loi qui mutilait, par un subterfuge indigne, le suffrage universel. Il ne croyait probablement pas son éloquence capable d'entraîner après lui et de gagner à sa cause une majorité gagnée d'avance, car, dans un moment d'entraînement, pour donner un semblant de raison à cette grande injustice, pour la justifier, il commit l'imprudence de flétrir les exclus, c'est-à-dire la moitié des électeurs, du nom de VILE MULTITUDE.

M. Thiers ne se doutait pas, alors, qu'il deviendrait un jour l'esclave et l'adulateur soumis de cette VILE MULTITUDE. Il ne pensait pas qu'elle le porterait sur le pavois, et jouerait de son cadavre pour manifester bruyamment.

Cette expression était à peine tombée de la bouche de M. Thiers, qu'au milieu du tumulte qu'elle suscita, on vit le Prince Napoléon quitter brusquement sa place, escalader la tribune, et l'œil en feu, avec une voix retentissante, accompagnée par des gestes qui ajoutaient à l'énergie de ses paroles :

« Cette VILE MULTITUDE , s'écria-til en regar-
« dant la droite stupéfaite de son audace, a pro-
« digué son sang pour la liberté d'abord, pour
« la gloire ensuite, et même après Waterloo,
« frémissante d'indignation à l'aspect des défail-
« lances de l'époque, elle eut encore sauvé la
« France des hontes et des horreurs de la se-
« conde invasion, si les chefs de la bourgeoisie
« le lui eussent permis. »

De ce jour datent les ennemis acharnés du Prince Napoléon.— Ses ennemis sont aussi ceux du peuple, ceux du suffrage universel.

Après le coup d'Etat du 2 Décembre, *après le*

plébiscite de la Constitution impériale qui reconnaissait ses droits éventuels à la couronne, le Prince Napoléon vint s'installer au Palais-Royal, aidant de ses conseils son cousin Napoléon III, et s'entourant lui-même de toutes les illustrations littéraires et scientifiques du jour. Son rôle fut assez effacé pendant cette période. — Eclate la guerre d'Orient. Le Prince Napoléon n'attend pas et dès le premier jour, il demande à suivre l'armée expéditionnaire. « La place d'un Bonaparte, écrivait-il, est au feu, devant l'ennemi. »

L'empereur, heureux de satisfaire au désir exprimé par son cousin, lui donna le commandement de la 3e division. C'est en cette qualité qu'il assista au conseil de guerre dans lequel fut résolue l'expédition de Crimée, plan que le Prince n'approuvait pas, mais que l'opinion des généraux anglais fit prévaloir. Ce désaccord fut cause de certains froissements, qui s'accrurent par la suite et auxquels en grande partie il faut attribuer l'ordre donné au Prince de retourner en France, avant la fin de la campagne.

En raison de son attitude dans ces diverses circonstances, le prince a eu à subir bien des attaques de la part de ses ennemis. Ces attaques furent injustes, déloyales. Les rapports des généraux anglais et français qui commandaient l'armée expéditionnaire font d'ailleurs bonne justice de tous ces racontars absurdes, de tous ces mensonges calculés.

Un vieux capitaine, qui n'est certes pas un ami du Prince, ni même un partisan de la cause impérialiste, me disait dernièrement : « J'ai vu, « à l'Alma, un obus tomber aux côtés du Prince « Napoléon ; deux officiers furent tués, per- « sonne n'était rassuré, mais personne n'osa « broncher, car le prince, calme au milieu du « danger, ne s'était même pas retourné pour « voir les terribles effets produits par l'obus. »

D'un autre côté, le prince Menchikoff, commandant des armées russes, à la bataille de l'Alma, dans son rapport officiel à Sa Majesté le Czar, a témoigné « qu'il avait jugé la bataille perdue quand il « avait vu le centre des alliés, « c'est-à-dire la division Napoléon, rester iné- « branlable dans la plaine, sous le feu de l'ar- « tillerie qu'il avait fait converger pour l'écra- « ser. L'intendant Le blanc fut emporté à côté « du Prince par un boulet ; le général Thomas « grièvement blessé.» (*Rapport du* 15 *février* 1855.)

Dans son rapport à l'Empereur, publié dans le *Moniteur officiel* du 25 septembre 1854, le maréchal Saint-Arnaud n'était pas moins élogieux sur la brillante conduite du prince, à la bataille de l'Alma :

« L'Alma fut traversée au pas de charge. Le « Prince Napoléon, à la tête de sa division, « s'emparait du gros du village de l'Alma, sous « le feu des batteries russes. Le prince s'est « montré digne du beau nom qu'il porte. On « arrivait au bas des hauteurs sous le feu des « batteries ennemies. »

Dans son rapport au ministre de la guerre, du même jour, le maréchal Saint-Arnaud s'exprimait encore ainsi :

« La 3e division, conduite avec la plus grande « vigueur par le prince Napoléon, a pris au « combat qui s'est livré sur le plateau, la part « la plus brillante, et j'ai été heureux d'adres- « ser au prince mes félicitations en présence de « ses troupes. »

Lorsqu'il fut question, dans les premiers jours du siége de Sébastopol, de prendre cette ville d'assaut, le prince Napoléon, sollicita l'honneur de conduire les colonnes françaises et de marcher à leur tête. Mais l'avis du prince de tenter par un coup d'audace la prise de Sébastopol, ne prévalut pas dans le conseil de guerre. On opta pour les lenteurs d'un siége en règle, dont le dénouement fatal était prévu. Cela ennuyait le prince, aussi ne se lassait-il jamais de réclamer l'assaut. Le général Canrobert, qui venait de succéder au maréchal St-Arnaud, obligé par la maladie de quitter le commandement de l'armée, résolut de se débarrasser des observations du prince; il demanda à l'Empereur le rappel de son cousin. Napoléon III crut devoir satisfaire à la demande du général et le prince fut aussitôt mandé à Paris. Il rentra la veille du jour où le duc de Cambridge débarquait en Angleterre.

Nommé par l'Empereur, à la présidence de la Commission supérieure de l'Exposition universelle de 1855, le prince Napoléon apporta tout son concours à faire réussir cette belle fête internationale à laquelle toutes les nations prirent part. Son rapport sur ses visites et ses études au Palais de l'Industrie, prouve grandement avec quelle attention, avec quel amour des Arts et de l'Industrie, il avait rempli la mission que lui avait confié l'Empereur. C'est une œuvre d'érudition et de science que ce rapport; il n'étonna cependant personne, car tous connaissaient déjà depuis longtemps les brillantes qualités du prince. Il pourrait étonner aujourd'hui ceux qui n'ont pu en faire autant sur l'Exposition de 1878.

Par curiosité, par désœuvrement peut-être, le Prince entreprit l'année suivante un voyage au pôle Nord; sa hardiesse alla jusqu'à s'aventurer au milieu des banquises glaciales où John Franklin avait péri. Il n'avait pas voulu reculer devant le danger.

Il était à peine de retour en France, lorsque fut créé le ministère de l'Algérie. L'Empereur lui confia ce poste important, mais le prince l'abandonna bientôt pour entreprendre un nouveau voyage en Italie. Il y séjourna jusqu'au jour de son mariage avec la princesse Clotilde, fille du roi Victor-Emmanuel. De cette union célébrée à Turin, le 30 janvier 1859, sont nés trois enfants : les princes Victor-Napoléon, né le 18 juillet 1862, Louis-Napoléon, né le 16 juillet 1864, et la princesse Marie-Lœtitia-Adelaïde, née le 20 décembre 1866.

Peu après eut lieu la guerre d'Italie, à laquelle le prince Napoléon, commandant le 5e corps français et l'armée Toscane, ne prit qu'une faible part. Ses talents diplomatiques le firent ensuite désigner par l'Empereur pour négocier le traité de paix de Villafranca.

*
* *

Dans le cours de sa carrière politique, le prince Napoléon a toujours beaucoup porté une grande attention à toutes les questions de politique extérieure.

Faut-il attribuer ce penchant de prédilection

à ses belles alliances avec la plupart des familles régnantes d'Europe? Le Prince Napoléon est, en effet, par sa mère le proche parent du Roi de Wurtemberg, de l'Empereur d'Allemagne, du Czar de Russie, du Roi de Hollande et du Grand duc de Bade. Par sa femme, il est beau-frère du roi d'Italie et du roi de Portugal. Est-ce au contraire un sentiment de patriotisme qui le guide, afin de pousser la France, dans une ligne de conduite politique, conforme à l'esprit et aux intérêts de notre nation? Je crois sincèrement que cette dernière pensée est le seul mobile de sa politique, car dans tous ses discours sur les questions extérieures, on retrouve exprimées nettement, brutalement même, les opinions libérales et empreintes de patriotisme dont le prince a de tout temps été le partisan convaincu, et dont il s'est toujours inspiré dans tous ses actes et dans toutes ses paroles sur la politique intérieure de l'Empire.

Quelqu'un a dit de lui : « C'est un aristocrate par éducation ; un démocrate par nature ; c'est en tous cas un fils légitime et non un bâtard de la Révolution. » Et de fait, le prince Napoléon ne représente-t-il pas le suffrage universel? N'est-il pas la revendication des droits du peuple et de l'ouvrier? les Bonaparte n'étaient-ils pas les fils de la Révolution? Nous tous, impérialistes, ne sommes nous pas les vrais démocrates, ennemis de la démogagie?

—Doué d'une intelligence supérieure, le prince est un lettré et un savant modeste, connaissant toutes les questions de philosophie, de littérature et de politique, et se plaisant à les discuter avec des hommes, à qui le talent et l'instruction, ont fait une célébrité incontestée.

Et, en m'exprimant ainsi sur le prince, je n'ai point l'intention de l'aduler, mais il me serait bien difficile de ne pas parler ainsi, alors que ses ennemis les plus acharnés ne peuvent s'empêcher de faire l'éloge de son savoir et de ses qualités.

Au Sénat, dont il faisait partie de droit, sous l'Empire, le Prince prononça plusieurs discours. Celui qui fit le plus de tapage, fut sans contredit le discours sur la solution de la question Italienne. Les idées qu'il émit parurent trop libérales aux yeux de certains, mais ses intentions étaient bonnes, car ce qu'il voulait c'était que la politique de l'Empire à l'extérieur ne fut pas celle de la Restauration, mais bien celle de la Révolution, celle qui avait fait la grandeur et la gloire de la France.

« L'Empire, disait-il, c'est la destruction des « traités de 1815, dans les limites de la force

« et des intérêts de la France, c'est le soutien « après l'avoir constituée, de la grande unité « Italienne qui se fonde à nos portes et qui est « notre alliée indispensable dans l'avenir. C'est « à l'intérieur, l'ordre, sans doute, sans lequel « il n'y a rien de possible, que personne ne « défendra plus que moi ; mais ce sont des li- « bertés sages et sérieuses.....

— En mai 1865, lorsqu'il fut appelé à représenter l'Empereur, à l'inauguration du monument élevé à Ajaccio, à Napoléon Ier et à ses quatre frères, le prince Napoléon tint encore un langage qu'il est bon de citer aujourd'hui, que la France est gouvernée par des hommes qui, alors se prétendaient libéraux et dont les promesses ont été vaines :

« La liberté est un mot vague qui s'inter- « prête diversement. Quelle interprétation vou- « lait lui donner Napoléon ? Les rois de France « revenus avec l'étranger, ont parlé aussi de « liberté; mais ils n'ont voulu que refaire le « passé. Il m'a toujours semblé que la liberté, « rêvée par Napoléon était bien plus celle qui « s'appliquait à tous, dont tous pouvaient pro- « fiter, que cette liberté restreinte et qui n'est « qu'un privilége octroyé ; les points caracté- « ristiques de l'une, sont le suffrage universel « loyalement appliqué, la liberté complète de la

« presse sous le droit commun et le droit de « réunion; ceux de l'autre, au contraire : le « suffrage restreint à un petit nombre de pri- « vilégiés qui s'appellent le parlement. J'aime « la liberté sous toutes ses formes, mais je ne « vous dissimulerai pas ma préférence marquée « pour ce que j'appelle la liberté de tous; elle « me semble plus conforme à l'esprit de mon « pays; oui, je préfère la liberté et une poli- » tique influencée par l'opinion publique libre, « à des ministres résultant souvent d'une coterie « parlementaire qui s'impose au souverain. — « On cède plus facilement à la volonté d'un « peuple, qu'à une coalition souvent négative. »

*
* *

Le prince Napoléon, par ses déclarations loyales, s'est créé bien des adversaires; en revanche, on ne saurait dire que ces ennemis sont les siens.

On a souvent dénaturé ses paroles et ses actes. Dans quel but? il serait facile de le dire, mais ce n'est ni sage, ni opportun. On peut cependant affirmer que l'intention du Prince n'a jamais été de faire opposition à l'Empereur, avec lequel il a conservé jusqu'au dernier moment, les relations les plus cordiales et les plus sincères.

Il le disait bien d'ailleurs le 1er mars 1861, devant le Sénat Impérial.

« Si des jours de malheur viennent jamais, « soyez en sûrs, l'histoire n'aura pas à enregis- « trer une trahison comme dans la maison de « Bourbon. Alors, les Napoléon ne formeront « qu'un faisceau pour faire face au danger. »

— Dans sa lettre à M. Jules Favre, en 1871, dans laquelle il protestait contre le vote de déchéance de l'Assemblée nationale, le Prince Napoléon a prouvé ce qu'il disait en 1861. Depuis, malgré sa brouille avec le Prince Impérial et l'Impératrice, il n'a jamais cherché à se poser en prétendant contre son cousin, dont il reconnaissait les droits.

Dans toutes occasions, il a parlé avec la franchise d'un honnête homme qui voyait avec peine, certains personnages dévoués à l'Empereur, suivre inconsciemment certaine politique dangeereuse pour l'avenir de la France, menaçante pour la sécurité de notre pays et contraire surtout aux traditions de la politique de Napoléon Ier.

Quant à l'attitude du prince Napoléon pendant ces dernières années, je n'en dirai rien. Je serais alors obligé de rechercher sur qui doit retomber la plus grande part de responsabilité. A ceux qui lui reprochent son vote avec les 363, sa reconnaissance de la République, il faudrait demander quels ont été, pour le parti Impérialiste, les profits de cette politique qui consiste à faire cause commune avec les pires ennemis de l'Empire. Quand un parti est aussi impopulaire que le parti royaliste, un parti fort, vivant, nombreux et s'appuyant sur la souveraineté du peuple ne doit jamais s'allier avec lui. C'était servir de mannequins à cette coterie d'ambitieux et de brouillons qui ont poussé au 16 Mai, après avoir fait le 24 Mai, et qui ont ensuite voté la République en haine de l'Empire, après avoir antérieurement essaye cette tentative de la fusion si misérablement avortée.

Napoléon Ier, lui, les faisait mitrailler sur les marches de Saint-Roch.

Les circonstances obligeaient le parti Impérialiste à suivre cette politique ; c'est sa seule excuse, parce qu'il ne pouvait faire autrement. Entraînés, malgré eux, dans un impasse, où à peine entrés, ils s'apercevaient qu'ils ne sortiraient pas sans pertes, les Bonapartistes ont suivi une route qui n'était pas la leur ; ils remontaient le courant qu'il était indispensable de descendre.

Le prince Napoléon qui n'était alors qu'un Bonaparte sans armée, sans parti, vit aussitôt la faute commise par les Impérialistes. Sciemment il ne pouvait la commettre, — son devoir était de sauvegarder la tradition Napoléonnienne qui marche avec le peuple et ne va jamais contre lui. L'Empereur Napoléon III, s'il avait vécu, n'aurait pas agi autrement.

Et d'ailleurs, cette politique qu'avait suivie le parti Impérialiste depuis le 24 Mai, a-t-on continué à la suivre? N'a-t-elle pas été abandonnée et publiquement répudiée par le journal de celui qui était le chef? — Il était trop tard, et il était besoin de beaucoup d'efforts ainsi que d'une grande habileté, pour rattraper le terrain perdu. On comprenait tellement combien avait été préjudiciable la fausse route qu'on avait suivie, qu'un rapprochement paraissait avoir eu lieu, grâce à des intermédiaires, entre le prince Impérial et son cousin le prince Napoléon. Cela se passait au mois de septembre 1878, et je suis fermement persuadé qu'un rapprochement sincère et efficace n'aurait pas tardé à se produire, si la destinée n'avait pas voulu que le fils de Napoléon III succombat glorieusement sur la terre d'Afrique.

Le Prince a toujours, même dans les actes qu'on lui reproche le plus, suivi les vrais principes de liberté et de démocratie, qui sont les seules bases de l'idée napoléonnienne, sans lesquels l'Empire ne saurait exister.

Il me reste à dire un mot des idées anti-religieuses que l'on prête au prince Napoléon. On a voulu en faire un athée, un libre-penseur, en un mot, un mangeur de prêtres. Rien de cela n'est vrai ni même fondé. Le prince Napoléon est aussi libéral en politique, qu'en religion. Il veut la liberté pour tous, pour les catholiques aussi bien que pour les protestants, pour les juifs aussi bien que pour les mahométans ou les libre-penseurs. Il désire que le Concordat intervenu entre S. S. le pape et l'empereur Napoléon Ier, serve de règle à l'Eglise et à l'Etat. Il est *concordataire*, et si la religion doit avoir pour principe de respecter tout le monde, il pense que la religion a le droit d'être respectée par tous.

De ces doctrines, de ces principes que peut-on rétracter? Est-il nécessaire de rien ajouter? N'est-ce pas le principe fondamental du régime impérial?

Les vieux soldats, ainsi que tous les fidèles de Saint-Leu, en 1847, ne les comprenaient pas autrement lorsqu'ils accueillirent le prince Napoléon, par le cri de vive l'Empereur! vive la Liberté!

Et cette liberté, le prince Napoléon la désire

et la veut pour tous : liberté religieuse avec le concordat; liberté politique avec une constitution votée par le peuple et non octroyée, par un souverain ou par une assemblée incompétente.

La France qui la désire et à qui on la refuse, la réclamera bientôt.

Elle sera heureuse de l'acclamer comme à Saint-Leu, elle criera aussi : vive l'Empereur! vive la Liberté !

APPENDICE.

Lettre du Prince Napoléon à S. A. I. l'Impératrice Eugénie.

Madame,

« Je sors du service célébré à St-Augustin « pour mon brave et infortuné cousin. Je suis « profondément ému et je tiens à exprimer à « votre majesté, les sentiments de douloureuse « sympathie dont je suis pénétré pour elle.

Jérôme Napoléon.

SÉNATUS-CONSULTE

***Soumis à l'approbation du peuple, le* 8 *mai* 1870**

TITRE II

Art. 3. — L'adoption est interdite aux successeurs de Napoléon III et à leurs descendants.

Art. 4. — A défaut d'héritier direct ou adoptif, sont appelés au trône le prince Napoléon et sa descendance directe et légitime, de mâle en mâle, par ordre de primogéniture, et à l'exclusion perpétuelle des femmes et de leur descendance.

. . . .

DÉCISION DE LA PRESSE IMPÉRIALISTE DÉPARTEMENTALE.

Les représentants de la presse impérialiste départementale, après deux réunions extraordinaires, tenues à Paris les 29 et 30 juin, sous la présidence de M. Ernest Merson, rédacteur en chef de l'*Union bretonne*, pour délibérer sur la situation nouvelle faite au pays par la mort héroïque du Prince impérial, ont voté l'ordre du jour suivant :

« Les représentants de la presse impérialiste « départementale prennent acte des informa- « tions autorisées qui leur ont été fournies. Ils « déclarent reconnaître l'hérédité impériale « telle qu'elle a été définie et consacrée par la « Constitution et le Plébiscite ; ils affirment net- « tement leur volonté de maintenir dans toute « sa fermeté, la ligne de conduite politique qu'ils « ont toujours suivie au double point de vue de « la conservation sociale et de la liberté reli- « gieuse. »

*
* *

DÉCISION DE LA RÉUNION DE L'APPEL AU PEUPLE

Dès que la nouvelle de la mort du Prince impérial fut connue, tous les députés et sénateurs de l'appel au peuple se réunirent chez M. Rouher, et votèrent à l'unanimité une déclaration qui fut publiée par tous les journaux.

En voici le texte :

« Les sénateurs et les députés de l'appel au « peuple se sont réunis aujourd'hui.

« Quelque profonde que soit leur douleur, ils « ont le devoir d'affirmer devant le pays que si le « Prince impérial est mort, sa cause lui survit.

« La succession des Napoléon ne tombe point « en deshérence.

« Représentant d'un principe impérissable, le « parti impérialiste reste debout, compacte et « dévoué.

« L'Empire vivra. »

La question de l'hérédité était ajournée, et ce n'est que dans la séance du 19 juillet, au soir, que cette question fut résolue.

*
* *

Ordre du Jour

Voté le 19 juillet 1879, par la réunion générale tenue chez M. Rouher, de tous les Députés et Sénateurs de l'appel au peuple :

« LES MEMBRES DE LA RÉUNION DE L'APPEL AU « PEUPLE CONSTATENT QUE PAR SUITE DE LA MORT « SI MALHEUREUSE ET SI GLORIEUSE DU PRINCE

« IMPÉRIAL, LE PRINCE NAPOLÉON JÉROME EST DE-
« VENU LE CHEF ET LE REPRÉSENTANT DE LA FA-
« MILLE NAPOLÉON.

« ILS RESTENT CONVAINCUS QUE LE PRINCIPE DE
« L'APPEL DIRECT A LA VOLONTÉ DE LA FRANCE
« LIBREMENT EXPRIMÉE, SERA TOUJOURS LE SEUL
« MOYEN DE FAIT ET DE DROIT POUR AMENER ENTRE
« LES PARTISANS DE LA SOUVERAINETÉ NATIONALE,
« SEULE BASE DE NOTRE DROIT MODERNE, UNE EN-
« TENTE PACIFIQUE ET LÉGALE. »

CONCLUSION.

Le Prince Jérôme Napoléon étant incontestablement le chef de la famille Bonaparte, il est, pour tous les impérialistes sincères, pour tous les partisans de la souveraineté nationale, le chef *incontesté* du parti impérialiste.

Paris. — Imprimerie Ch. DUBOURG, rue du Cardinal-Lemoine, 41

Dernières photographies du PRINCE IMPÉRI
et tout ce qui a paru sur sa mort.

LES DERNIERS ADIEUX, carte album. 1
— — *carte visite.* » 7
LES FUNÉRAILLES, carte album. . 1
— *carte visite* . . » 7

Collection complète de tous les Portraits de la Famille Impériale et des Députés de l'Appel au Peuple. Carte Visite. : 0 7
Carte Album 1

HISTOIRE DE NAPOLÉON III, par MM. DE CASSAGNAC, *les 2 vol., au lieu de 20 francs* 3

ESSAI SUR LA RÉGENCE, par le duc D'ABRANTÈS 8

HISTOIRE DE LA 3e RÉPUBLIQUE, par PAUL DE CASSAGNAC, *au lieu de 6 fr.* 2

SON ALTESSE LE PRINCE IMPÉRIAL, par EUGÈNE LOUDUN. 1

LES ENVOIS SE FONT FRANCO CONTRE MANDAT-PO

PARIS. — IMP. CH. DUBOURG, RUE DU CARDINAL-LEMOINE, 4

www.ingramcontent.com/pod-product-compliance
Ingram Content Group UK Ltd.
Pitfield, Milton Keynes, MK11 3LW, UK
UKHW021043180726
13838UKWH00004B/1975